Zebra 2

Lesen/Schreiben
Für die Ausleihe

Bearbeitet von

Karin Eschenbach
Gisela Hundertmark
Nina Löffler

Beratung von

Kerstin Ende

Auf der Basis von

Susann Eckhoff
Sonja Kargl
Andreas Körnich
Gerlind Schwanitz

Ernst Klett Verlag
Stuttgart • Leipzig

Inhalt

Wiesenzwerge und Baumriesen

Traumfänger und Erfinderglück

Leseratten und PC-Mäuse

Herbsttöne und Frühlingsfarben

Auf diesen Seiten erfährst du, wie du mit Texten umgehen oder eigene Texte schreiben kannst.

Schulabenteuer und Abc-Reisen

Menschen in der Schule

1. Welche Menschen gibt es in der Schule?
Schreibe die Wörter getrennt untereinander auf.

R: S. 5 Nr. 1
Lehrerin

L E H R E R I N H A U S M E I S T E R

S E K R E T Ä R I N R E K T O R I N

E L T E R N P U T Z F R A U

2. Wer sagt was? Ordne die Sätze den Menschen aus Aufgabe 1 zu.

R: S. 5 Nr. 1 und 2
Lehrerin – 6 ...

1 
Ich putze die Schule,
damit alles sauber ist.

2 
Wir helfen beim Schulfest.

3 
Ich repariere alles,
was kaputt ist.

4 
Ich leite die Schule.

5 
Ich telefoniere oft.

6 
Ich bereite den Unterricht
vor und helfe den Kindern
beim Lernen.

3. Welche Aufgaben hast du in der Schule?

4. Was möchtest du später einmal machen?
Schreibe oder male.

Über eine Traumschule schreiben

In Lutherstadt Wittenberg gibt es eine Schule. Sie wurde von dem berühmten Künstler Hundertwasser umgebaut.

Die Schule ist bunt bemalt und hat drei Türme. Aus den Fenstern wachsen Bäume und auf den Dächern viele Blumen.

1. Lies den Text von Finn.

Meine Traumschule liegt am Meer.
In der Pause baden alle Kinder.
Wir lernen am Strand.
Das Essen bringt der Lehrer.
Wir fahren mit einem Schiff nach Hause.

Finn, 6 Jahre

2. Wie sieht deine Traumschule aus? Erzähle.
Diese Fragen können dir helfen:

Wo steht deine Schule?
Wie sieht deine Schule aus?
Was gibt es dort Besonderes?
Welche Fächer gefallen dir am besten?

3. Schreibe und male über deine Traumschule.

4. Macht eine Ausstellung.

Lesen mit dem Lesepfeil

1. Schneide dir aus Karton einen Lesepfeil zu.

2. Finde heraus, wo der Lesepfeil angelegt wird.

Pumuckl ist ein Kobold. Kobolde sind kleine, unsichtbare Burschen. Sie necken gerne Menschen. Eines Tages blieb Pumuckl an einem Leimtopf des Meister Eder hängen.

Pumuckl ist ein Kobold. Kobolde sind kleine, unsichtbare Burschen. Sie necken gerne Menschen. Eines Tages blieb Pumuckl an einem Leimtopf des Meister Eder hängen.

3. Lies mit deinem Lesepfeil. Die Striche helfen dir.

Pumuckl

Pumuckl ist | ein Kobold. | Kobolde sind kleine, | unsichtbare Burschen. Sie necken | gerne Menschen. | Eines Tages | blieb Pumuckl | an einem Leimtopf | des Meister Eder hängen. | Und da war | es geschehen! Er wurde sichtbar. | Aber nur für | den Schreinermeister Eder. | Das Koboldgesetz | heißt nämlich: | Wenn ein Kobold | von einem Menschen gefangen wird, | ist er | für diesen Menschen sichtbar.

4. Lies einem Partner laut vor.

T S. 54

Genaues Lesen

1. Sprich mit einem Partner über das Bild.

2. Was passt zum Bild? Schreibe die richtigen Sätze auf.

Die Sonne scheint.
Es ist vier Uhr nachmittags.
Hanna hockt neben einem Kaugummifleck.
Ihr Pullover ist gelb.
Der Hausmeister sitzt neben Hanna.
Er trägt einen grauen Kittel und eine blaue Hose.
Hanna hält einen Spachtel in der Hand.
Ihre Zöpfe hängen über dem Kaugummifleck.
Neben dem Baum steht Hannas Ranzen.

3. Schreibe einen eigenen Satz, der zum Bild passt.
Schreibe einen eigenen Satz, der nicht zum Bild passt.

4. Tauscht eure Hefte. Was stimmt?

T
S. 55

Buchstabentausch

Wenn man Buchstaben vertauscht, entstehen ganz neue Wörter.

1. Bilde neue Wörter. Markiere die Veränderungen.

R: S. 9 Nr. 1
Rind – Ring, ...

Aus Rind wird  

Aus Band wird 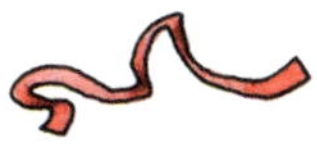 

Aus Schal wird  

Aus Hund wird  

Aus Ohr wird  

Aus Pappe wird  

2. Schreibe sinnvolle Wörter.
Markiere die Veränderungen.

R: S. 9 Nr. 2
Grashalm, ...

Hasgralm	Wastlagen	Pahnzasta
Finokilm	Zugfleug	Somatentoße
Beseluch	Laschentampe	Bosenhein

3. Schreibe die Sätze richtig auf.

R: S. 9 Nr. 3
Kinder lernen ...

Rinder lernen in der Schale lesen.

Nevio niest ein spannendes Tuch.

Finn angelt einen milden Tisch.

4. Schreibe einen Satz.
Vertausche einige Buchstaben.

Fragen zum Text beantworten

1. Lies den Text.

Wenn die Raupe fliegen lernt

Es gab einmal | eine Zeit, | da gingen alle Tiere | in die Schule.
So schnell sie konnten, | begaben sie sich | zum Unterricht.
Am ersten Schultag | saßen sie aufgeregt | in ihren Bänken
und waren neugierig.
Als die Lehrer | die Stundenpläne | vorlasen,
waren viele | Ooohs und Aaahs | zu hören.
Es gab aber | auch manche | Iiihs und Buuhs.

Dann begann | der Unterricht.
Die Ente hatte | in der ersten Stunde | Schwimmen.
Das machte | ihr Spaß, | denn schwimmen | konnte sie gut.

Beim Klettern | gab sich | das Pferd gerade
besonders viel Mühe.
Laut schnaufend | klammerte sich | das Pferd
mit den Vorderhufen | an den dicken Baumstamm,
dann nahm es | die Hinterhufe dazu.
„Jetzt bloß | nicht loslassen“, | dachte es.
„Braves Pferd“, | sagte der Lehrer | und war zufrieden.
Das Pferd | war erleichtert.
Aber es kam sich | auch ein bisschen | blöd vor.
Jetzt war die Ente | an der Reihe.
Sie versuchte, | mit den Flügeln | den Baum | zu umklammern.
„Geht nicht“, | schnatterte sie, | „geht überhaupt nicht.“
Der Lehrer | runzelte die Stirn.

Plötzlich ereignete sich | ein Skandal.
Der Fluglehrer | schrie so laut, | dass alle Tiere aufhorchten
und neugierig | zum Flugfeld liefen.
Mit rotem Kopf | beugte sich der Lehrer | über die kleine
grünorange gestreifte Raupe | mit den Klebefüßen.

„Du hast dir also | alles genau überlegt!“,
schrie er | zum dritten Mal.
„Ja“, | piepste | die kleine Raupe.
„Ich habe mir überlegt, | ich muss jetzt | nicht fliegen.
Jetzt habe ich | erst einmal Hunger | und bis
zum nächsten Blatt | kann ich auch kriechen.
Ich muss jetzt | nicht fliegen.
Das kann ich | vielleicht später | einmal lernen.“

Nele Moost

2. Was stimmt?
Schreibe die richtigen Buchstaben auf.
Finde das Lösungswort.

R: S. 11 Nr. 2
1 2 3 4 5
R _ _ _ _

1 Die Tiere saßen auf

S Sesseln R Bänken L Tischen.

2 Schwimmen in der ersten Stunde hatte

A die Ente M das Pferd S der Affe.

3 Viel Mühe beim Klettern gab sich

O der Affe E die Raupe U das Pferd.

4 Der Fluglehrer war

G lustig P wütend R müde.

5 Die kleine Raupe wollte lieber

I schlafen E fressen A fliegen.

3. Welche Tiere kommen in der Geschichte vor?

4. In welchem Fach ist jedes Tier wohl am besten?

5. Können Raupen fliegen? Informiere dich.

Gesprächsregeln festlegen

1. Wie führt man ein gutes Gespräch?

2. Ordne die Wörter in eine Tabelle ein.

R: S. 12 Nr. 2

☺	☹
1	

1 zuhören 2 höflich bleiben 3 andere beschimpfen

4 deutlich sprechen 5 andere auslachen 6 schreien

7 andere ansehen 8 dazwischenreden 9 nachfragen

3. Formuliere Regeln.

R: S. 12 Nr. 3
Ich höre zu.

4. Welche Regel ist dir am wichtigsten? Begründe.

5. Welche Regeln werden hier nicht beachtet? Schreibe auf.

Lea hat sich den Arm gebrochen und erzählt ihrer Freundin Nina, dass sie auf der Treppe gestolpert ist. Nina hat ein Buch in der Hand und liest die ganze Zeit.

Paula erklärt Tom, wie man Memory spielt. Tom legt die Karten mit dem Bild nach oben auf den Tisch. Paula fängt an zu lachen, weil Tom das Spiel nicht verstanden hat.

6. Einigt euch auf Gesprächsregeln für eure Klasse. Schreibt sie auf ein Plakat.

So legt ihr Regeln für die Klasse fest:
- Sammelt Ideen und tauscht euch miteinander aus.
- Welche Regeln sind am wichtigsten? Sprecht darüber.
- Einigt euch und schreibt die Regeln auf.

Satzteile zuordnen

1. Was passt zusammen?
Schreibe die richtigen Buchstaben auf.

R: S. 13 Nr. 1
1 2 3 4 5 6 7
F _ _ _ _ _ _

1	Die Lehrerin fährt mit dem	H	hilft ihm über die Straße.
2	Klara wartet an der Straße,	R	mit dem Bus zur Schule.
3	Opa begleitet Jonas und	F	Fahrrad zur Schule.
4	Viele Kinder fahren täglich	A	bis die Ampel grün zeigt.
5	Larissa und Jule gehen	D	des Bäckers vorbei.
6	Der Sohn des Hausmeisters	A	hat den kürzesten Schulweg.
7	Timo geht an dem Laden	R	zusammen durch den Park.

2. Wie sieht dein Schulweg aus?
Zeichne und beschrifte ihn.

Schreibe ganze Sätze.

3. Hast du auf deinem Schulweg
schon einmal etwas Besonderes erlebt?

Ein Gedicht umschreiben

1. Vergleiche beide Gedichte.
Schreibe die Wörter auf,
die im rechten Gedicht ausgetauscht wurden.

R: S. 14 Nr. 1
Menschenkind, …

Versuch

Ein Vogelkind,
das hüpft im Wind.
Mami, Mami, komm mal her!
Sag mir,
ist das Fliegen schwer?
Bitte, zeig mir
wie man's macht!
Wehe, wenn hier
einer lacht!

Jürgen Spohn

Versuch

Ein Menschenkind,
das springt im Wind.
Papi, Papi, komm mal her!
Sag mir,
ist das Rechnen schwer?
Bitte, zeig mir
wie man's macht!
Wehe, wenn hier
einer lacht!

Rebecca und Aaron

So kannst du ein Gedicht umschreiben:

- Markiere einzelne Wörter, die du austauschen kannst.
- Ersetze sie durch andere passende Wörter.
- Übernimm den übrigen Text des Gedichtes.

2. Schreibe das Gedicht aus Aufgabe 1 um. Die Wortkarten helfen dir.

Entenkind
watschelt
Opi
das Schwimmen

Bärenkind
tobt
Omi
das Brummen

3. Schreibe nun ein eigenes Gedicht wie oben.

4. Trage dein Gedicht der Klasse vor.

Herzklopfen und Magenknurren

Ein Gedicht umschreiben

T
S. 56

1. Lies das Gedicht.

Was Kinder alles können

Kinder können viele Sachen,
können singen, können feiern,
können gute Freunde werden.
Kinder können viele Sachen
selber machen.

Kinder können viele Sachen,
können rühren, können kochen,
können sich ein Essen machen.
Kinder können viele Sachen
selber machen.

Kinder können viele Sachen,
können malen, können ...

Was meinst du, was Kinder alles können?

Sybille Fritsch

2. Finde Antworten auf die Frage.
Erzähle einem Partner.

3. Was kannst du gut?
Schreibe auf.

R: S. 15 Nr. 3
Ich kann gut ...

4. Spiele einem Partner als Pantomime vor,
was du besonders gut kannst.

5. Dichte eine weitere Strophe.

6. Schreibe in Schönschrift.
Male dazu.

Kinder können viele Sachen,
können rennen, können klettern,
können mit dem Fahrrad fahren.
Kinder können viele Sachen
selber machen.
von Nina

T
S.57

Stolperwörter finden

1. Lies die Geschichten. Manche Wörter passen nicht. Schreibe sie auf.

R: S. 16 Nr. 1
gestern, ...

Nick freut sich. Oma kommt heute gestern zu Besuch. Da ruft klingelt das Telefon. Es ist Opa Oma. „Ich kann nicht kommen. Ich bin krank satt“, sagt sie. Nick muss schlucken. Schon kullern die ersten Murmeln Tränen. Er lässt den Kopf hängen.

Sofie und Benita lesen springen Seil.
Da kommt Paul und fragt Sofie:
„Spielst du mit mir Ball Brot?“
Sofie lässt Benita einfach stehen
und lacht geht mit Paul davon.
Benita ruft ihr hinterher: „Du bist gemein“,
überkreuzt die Seile Arme und stampft mit
dem Fuß Bauch auf.

2. Wie fühlen sich die Kinder? Erzählt.

3. Welche Gefühle zeigen die Gesichter? Schreibe auf. Die Wortkarten helfen dir.

R: S. 16 Nr. 3
blau: ängstlich
rot: ...

fröhlich	traurig	wütend	ängstlich	beleidigt

4. Wann warst du fröhlich oder traurig? Schreibe auf. Du darfst auch Stolperwörter einfügen.

Gedichte vortragen

1. Lies das Gedicht mehrmals mit einem Partner zusammen.
Lest auf verschiedene Art: laut, leise, gurgelnd, ...

Gurgl murgl rogl momm

Gurgl murgl rogl momm
pfzzta schlabba gurgl schlibb
schlabba schlibba schlommogromm
gurgl murgl schlibba glibb
So ergreifend – gurgl – und
schön klingt – schlabba – ein Gedicht,
wenn man es mit einem Mund voll
mit Zahnputzwasser spricht.

Gerald Jatzek

2. Schreibe das Gedicht ab.

3. Markiere die Wörter, die du betonen möchtest.

4. Übe mit einem Partner, das Gedicht betont vorzutragen.

Trage ein Gedicht so vor, dass andere dir gerne zuhören.
Achte dabei auf Folgendes:

- Lies das Gedicht mehrmals.
- Übe die schwierigen Wörter einzeln.
- Markiere und betone die wichtigen Stellen.
- Verändere deine Stimme: laut, leise, piepsig, brummig ...

5. Spielt beim Vortragen, wie ihr euch die Zähne putzt.

Einen Sachtext lesen

1. Lies den Text.

Wie du sehen kannst

Die Augen | sind ein wichtiger Teil | von dir,
denn mit ihnen | kannst du sehen. | Deine Augen
können Farben | und Formen | unterscheiden.

Sie benötigen | besonderen Schutz.
Die Augenbrauen verhindern,
dass der Schweiß | von der Stirn
in die Augen | laufen kann.
Die Wimpern | halten Staub zurück.
Damit die Augen | mit Tränenflüssigkeit
feucht gehalten werden, | schließen
sich immer wieder | die Augenlider.

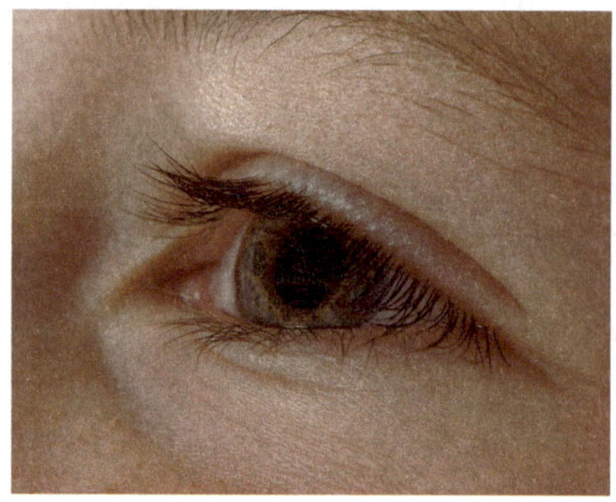

Deine Augen | sind kugelförmig,
aber du kannst nur | den vorderen Teil | sehen:
Der dunkle Punkt | in der Mitte | ist die Pupille.
Der farbige Ring | um die Pupille | heißt Iris.
Durch die Pupillen | gelangt das Licht | in deine Augen.
Sie vergrößern sich | bei Dunkelheit,
um mehr Licht | durchzulassen.

2. Schau in einen Spiegel.
Zeige die blauen Wörter an deinem Auge.

3. Zeichne das Auge ab.

4. Beschrifte deine Zeichnung.

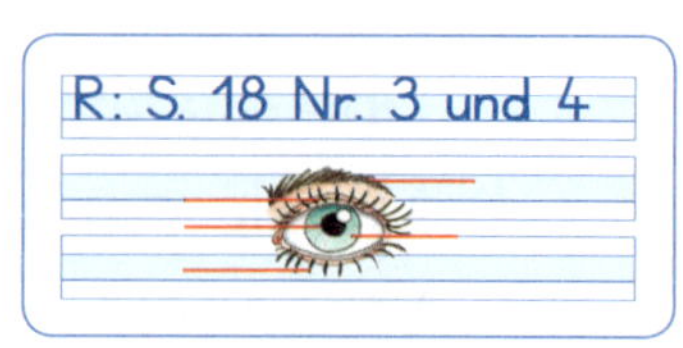

Genaues Lesen

1. Lies den Text „Wie du sehen kannst“ noch einmal. Decke ihn dann ab. Kannst du folgende Aufgaben aus dem Gedächtnis lösen?

2. Schreibe die richtigen Buchstaben auf. Finde das Lösungswort.

R: S. 19 Nr. 2
1 2 3 4 5 6
B _ _ _ _ _

1 Mit deinen Augen siehst du

- L Temperaturen.
- B Formen und Farben.
- A Gefühle.

2 Das Auge ist

- P oval.
- L eckig.
- R kugelförmig.

3 Der dunkle Punkt in der Mitte heißt

- I Pupille.
- N Puppe.
- A Pille.

4 Den farbigen Ring um die Pupille nennt man

- G Ines.
- L Iris.
- D Agnes.

5 Durch die Pupille gelangt

- L Licht ins Auge.
- E Wasser ins Auge.
- S Luft ins Auge.

6 Im Dunkeln wird die Pupille

- M kleiner.
- L grau.
- E größer.

3. Schau einem anderen Kind in die Augen. Das andere Kind schließt nun die Augen und öffnet sie nach kurzer Zeit wieder. Beobachte dabei die Pupillen. Wie haben sie sich verändert? Schreibe auf.

Mit Schlüsselwörtern nacherzählen

Mit den Ohren sehen

Fledermäuse sind besonders gute „Seher“. Aber sie sehen nicht mit den Augen. Das würde ihnen auch nichts nützen, denn sie leben bei Tag in dunklen Höhlen und jagen ihre Beute bei Nacht. Sie besitzen dafür eine besondere Fähigkeit. Während des Fluges senden die Fledermäuse Signale aus, die von den Hindernissen als Echo zurückgeworfen werden. Aufgrund des Echos können Fledermäuse ihre Umgebung und andere Tiere wahrnehmen.

1. Schreibe die Schlüsselwörter in der richtigen Reihenfolge untereinander auf.

R: S. 20 Nr. 1
• sehen nicht mit
Augen

nehmen aufgrund des Echos Umgebung wahr

Tag: Höhle, Nacht: Jagd

sehen nicht mit Augen

Hindernisse werfen Echo zurück

senden Signale aus

2. Erzähle mit Hilfe der Schlüsselwörter, was du gelesen hast.

Schlüsselwörter sind die wichtigsten Wörter in einem Text. Sie „schließen“ den Text auf. So kannst du vorgehen:

- Lies den Text Satz für Satz.
- Schreibe die Schlüsselwörter heraus.
- Lies die Schlüsselwörter.
- Erinnern sie dich an den ganzen Text?
- Verbessere.

Schlüsselwörter im Text finden

T
S. 58

1. Verbindet euch abwechselnd die Augen.
Haltet euch verschiedene Gemüse- und Obstsorten unter die Nase.
Könnt ihr herausfinden, was ihr riecht?

Riechen

Wenn wir Gerüche riechen, löst das bei uns oft bestimmte Gefühle aus. Wir sagen, dass eine Rose gut und Müll scheußlich riecht. Riechst du ein Essen, das du besonders gerne magst, ziehst du die Luft tief ein. Durch die Nasenlöcher gelangt die Luft zur Riechschleimhaut. Sie liegt ganz oben in der Nase. Von dort strömt die Luft bis zum Riechzentrum.
Die Nase und die Zunge arbeiten eng zusammen. Das merken wir besonders, wenn wir Schnupfen haben und die Nase verstopft ist. Dann können wir das Essen nicht schmecken.

2. Lies noch einmal Satz für Satz.
Überlege, welche Wörter die Schlüsselwörter sind.

3. Schreibe die Schlüsselwörter untereinander heraus.

R: S. 21 Nr. 3
• Geruch löst Gefühle
aus.

4. Erzähle mit Hilfe der Schlüsselwörter, was du gelesen hast.

T
S. 59

Zu Bildern schreiben

1. Erzählt zu den Bildern.

Endlich groß genug

2. Schreibe die Sätze zum ersten Bild auf.
Entscheide immer, welches Wort besser passt.

R: S. 22 Nr. 2
Der kleine Tom ...

Der kleine/große Tom spielt vergnügt/allein im Garten. Endlich/Plötzlich hört/sieht er ein Quietschen/Schmatzen hinter/neben dem niedrigen/hohen Zaun. Zum Glück/Leider kann Tom nicht über den Zaun sehen/springen.
Er denkt: „Da ist bestimmt ein lieber/bissiger Hund!“
Tom kocht/holt einen leckeren/alten Knochen.

3. Schreibe Sätze zum zweiten Bild.

R: S. 22 Nr. 3
Ein Jahr später ...

ein Jahr später | gewachsen

wieder Geräusche | erinnert sich an Hund | holt Knochen

Zaun noch zu hoch | sieht nichts | traurig

4. Schreibe nun Sätze zum dritten Bild.
Verwende treffende Wörter.

Verwende treffende Wörter.

5. Lies deine Geschichte einem anderen Kind vor. Kann es alles verstehen?

Buchstabentausch

T
S. 60

1. Lies abwechselnd mit einem Partner.
Welches Wort ist das Unsinnwort?
Überlegt, welche Buchstaben sich verändert haben.

Durstsalat
Wurstsalat

Kirschmarmelade
Hirschmarmelade

Sohnkuchen
Mohnkuchen

Tomatenpuppe
Tomatensuppe

Hasenbraten
Hosenbraten

Apfelpudel
Apfelstrudel

Schinkennadeln
Schinkennudeln

Lauchauflauf
Bauchauflauf

Haselnusstorte
Haselkusstorte

Früchtetee
Früchtefee

Eiskaffee
Eilkaffee

Vollkornbrot
Vollkernbrot

2. Schreibe die Lebensmittel so auf:
- *Das isst man kalt:*
- *Das isst man warm:*
- *Das trinkt man:*

3. Was isst und trinkst du gerne?
Schreibe es auf.

R: S. 23 Nr. 3
Ich esse gerne ...
Ich trinke gerne ...

Eine Tabelle lesen

Die Klasse 2 c plant einen Kochtag.
Folgende Zutaten bringen die Kinder mit:

Kinder	für Gemüsesuppe	für Obstsalat
Annika	Zwiebeln	Äpfel
Fabian	Bohnen	Bananen
Enes	Kartoffeln	Ananas
Edna	Kohlrabi	Pflaumen

1. Beantworte die Fragen. Schreibe Sätze.

a) Welche Gerichte wollen die Kinder zubereiten?
b) Wer soll Kartoffeln und Ananas besorgen?
c) Was erntet Fabian im eigenen Garten?

R: S. 24 Nr. 1
a) Die Kinder wollen ...

2. Stelle einem Partner eigene Fragen zur Tabelle.

3. Edna fehlt heute. Schreibe ihr eine Nachricht.

Liebe ________,
bringe bitte am Freitag ________
und ________ mit.

4. Welche Obstsorten magst du im Obstsalat?
Schreibe und male auf.

R: S. 24 Nr. 4
Im Obstsalat mag ich ...

5. Welche Zutaten gehören nicht in die Gemüsesuppe?

Karotten, Pantoffeln, Bohnen, Braut, Brokkoli, Bauch, Erdbeeren

R: S. 24 Nr. 5
Pantoffeln, ...

6. Ihr könnt auch gemeinsam ein Rezept ausprobieren.

Miteinander und Durcheinander

Über einen Text nachdenken

Maja und Lena sind Flüsterweltmeister

Maja hat | ein halbes Kinderzimmer.
Die andere Hälfte | gehört Majas Schwester Lena.
Lena ist älter | als Maja. | Vier Jahre älter ist sie.
„Jetzt bist du | ein großes Mädchen“, | sagt Mama zu Lena.
„Große Mädchen | brauchen Platz.
Du bekommst jetzt | Papas Zimmer.
Und Maja | hat dann auch | ein Zimmer für sich allein.“

Mama und Papa | tragen Lenas Bett | ins andere Zimmer.
Es geht | nur knapp | durch die Tür.
Lena nimmt | ihre Sachen mit.
Sie malt | ihren Namen | auf ein Stück Pappe
und hängt | es an die Tür.
Maja malt | auch ein Schild. | Sie schreibt | MAJA darauf.
Maja geht | Lena besuchen. | „Du musst anklopfen“, | sagt Lena.
Maja geht | noch einmal hinaus | und klopft | an Lenas Tür.
„Herein“, | ruft Lena.

An diesem Abend | muss Maja | ganz allein | ins Bett.
Sie legt sich | unter ihre Decke | und starrt | an die Wand.
Da stand | bis heute | Lenas Bett.
Jeden Abend | haben Lena und Maja | noch lange
geflüstert und gelacht. | Maja kann nicht einschlafen.
Sie ...

1. Warum kann Maja nicht einschlafen?

2. Was machst du, wenn du nicht einschlafen kannst?
Erzähle.

3. Wie könnte die Geschichte weitergehen?
Tauscht eure Ideen aus.

4. Lies das Ende der Geschichte.

… Sie kriecht | aus dem Bett | und klopft an Lenas Tür.
„Herein“, | flüstert Lena.
„Wir müssen | noch flüstern!“, | sagt Maja.
Maja setzt sich | auf Lenas Bett | und flüstert eine Weile.
Aber es ist | nicht so gemütlich | wie sonst.
„Jetzt musst du gehen“, | sagt Lena | nach einer Weile.
„Gute Nacht.“
„Gute Nacht, Lena“, | sagt Maja.

Bettina Obrecht

5. Was stimmt?
Finde das Lösungswort.

R: S. 26 Nr. 5
1 2 3 4 5 6 7 8 9
A _ _ _ _ _ _ _ _

		ja	nein
1	Maja und Lena sind Flüsterweltmeister.	A	B
2	Lena ist jünger als Maja.	L	N
3	Mama und Papa tragen Lenas Schrank ins andere Zimmer.	A	K
4	Maja malt auch ein Schild.	L	U
5	„Du musst anklingeln“, sagt Lena.	M	O
6	Maja legt sich ohne ihre Decke hin und starrt an die Wand.	E	P
7	Maja kann nicht einschlafen.	F	I
8	„Wir müssen noch flüstern!“, sagt Maja.	E	S
9	Es ist so gemütlich wie sonst.	E	N

6. Gestalte ein Türschild für dein Zimmer.

Eine Geschichte weiterschreiben

Nina und der Sauhaufen

Die Mutter trägt frisch gewaschene Wäsche in Ninas Zimmer.
Als sie herauskommt, hat sie ihr Gewitter-Gesicht aufgesetzt.
„Nina!“, ruft sie.
„Räum sofort auf da drin. So ein Sauhaufen!“

Nina geht in ihr Zimmer. Die Puppen liegen auf dem Teppich.
Sie schauen den Stofftieren zu.

Die Bausteine liegen auf dem Teppich.
Sie sollen ein Turm werden.

Die Bilderbücher liegen auf dem Teppich.
Die will Nina anschauen.

Die Autos liegen auf dem Teppich.
Die parken da.

Ein blau-weißer Ringelsocken liegt
auf dem Teppich. Der ist eine Schlange.

Papierschnipsel liegen auf dem Teppich.
Die sind das Futter für die Schlange.

„Ich sehe keinen Sauhaufen!“,
ruft Nina in die Küche.

Renate Welsh

1. Welche Sachen liegen auf Ninas Teppich?

R: S. 27 Nr. 1
Puppen, ...

2. Warum sieht Nina keinen Sauhaufen?

3. Was könnte Ninas Mutter antworten?
Schreibe auf, wie die Geschichte weitergeht.

T
S. 61

Eine Einladung zum Geburtstag schreiben

Luisa hat am 14. März Geburtstag.
Sie möchte Lara, Jan, Celina und Aila einladen.
Luisa wohnt im Sonnenweg 4.
Um 15 Uhr soll ihre Feier beginnen.

1. Lies die Einladung.

2. Vergleiche mit dem Text oben. Sind alle Angaben richtig?

Einladung

Lieber Janis,

ich lade dich herzlich zu meinem Namenstag ein.

Bitte komme am 4. März in den Sommerweg 4.

Die Feier beginnt um 10 Uhr.

Viele Grüße deine Luisa

3. Schreibe die Einladung mit den richtigen Angaben auf.

R: S. 28 Nr. 3
Lieber Jan,
...

4. Schreibe eine Einladung zu deinem Geburtstag. Gestalte sie.

Auf diese Fragen muss deine Einladung antworten:

- **Wen** willst du einladen? (Anrede)
- **Wozu** willst du einladen?
- **Wann** findet das Ereignis statt? (Datum und Uhrzeit)
- **Wo** findet es statt?
- **Wer** lädt ein? Unterschreibe mit deinem Namen.

Klassenpost

In der Klasse 2a haben die Kinder einen Briefkasten.
Timo hat Anton einen Brief geschrieben.

Das Fußballspielen mit dir hat mir heute großen Spaß gemacht. Hast du Lust, dich mal mit mir zu verabreden?

Viele Grüße

dein Timo

1. Prüft, ob Timos Brief vollständig ist.

Wenn du einen Brief schreiben möchtest,	
beginnst du mit der Anrede.	*z. B. Liebe/Lieber/Hallo ...*
Erzähle etwas von dir oder stelle eine Frage.	*z. B. Erlebnis, Hobby, Buch ...*
Beende den Brief mit einem Gruß.	*z. B. Viele Grüße ...*
Unterschreibe mit deinem Namen.	*z. B. deine/dein ...*

2. Schreibe einen Brief an ein Kind aus deiner Klasse. Beachte die Schreibtipps.

3. Enthält dein Brief alle wichtigen Angaben? Überprüfe mit den Schreibtipps.

4. Schreibe nun den Brief aus Aufgabe 2 in Schönschrift auf ein Blatt ab.

5. Gestalte den Brief.

6. Ihr könnt auch einen Klassenbriefkasten einrichten.

Briefe schreiben

1. Lies die Geschichte.

Die Geschichte vom Löwen, der nicht schreiben konnte

Der Löwe | konnte nicht schreiben. | Aber das | störte den Löwen nicht, denn der Löwe | konnte brüllen | und Zähne zeigen. Und mehr | brauchte der Löwe nicht.

Eines Tages | traf er eine Löwin. | Die Löwin | las in einem Buch und war sehr schön. | Der Löwe ging los | und wollte sie küssen. Aber dann | blieb er stehen | und dachte nach. | Eine Löwin, die liest, ist eine Dame. | Und einer Dame | schreibt man Briefe.

Also ging er | zu dem Affen | und sagte:
„Schreib du | mir einen Brief | für die Löwin!“

Am nächsten Tag | ging der Löwe | mit dem Brief | zur Post. Aber der Löwe | hätte gern gewusst, | was der Affe | geschrieben hatte. Also kehrte er um | und der Affe | musste lesen. Der Affe las: | „Liebste Freundin, | wollen Sie mit mir auf die Bäume klettern? | Ich hab’ auch Bananen. | Total lecker! Gruß Löwe.“

„Aber neiiiiiin!“, | brüllte der Löwe, | „So etwas hätte ich doch nie geschrieben!“

Und der Löwe | zerriss den Brief.

Martin Baltscheit

2. Der Löwe kann nicht schreiben.
Was kann er dafür gut?

R: S. 30 Nr. 2
Der Löwe kann gut …

3. Warum ist es wichtig, schreiben und lesen zu können?

4. Lies den zerrissenen Brief.
Schreibe ihn in der richtigen Reihenfolge auf.

Total lecker!

Liebste Freundin,

Ich hab' auch Bananen!

Gruß Löwe

wollen Sie mit mir auf Bäume klettern?

5. Schreibe den Brief für den Löwen.
Die Wortkarten helfen dir.

R: S. 31 Nr. 5
Liebste Freundin,
wollen Sie mit mir ...

in den Abendhimmel gucken

faul unter dem Baum liegen

Auf einem Briefumschlag steht immer,
an wen ein Brief versendet werden soll
und von wem er geschrieben wurde.

Adresse
Absender

6. Was könnte Löwin Lara antworten?
Schreibe einen Brief.
Denke auch an den Briefumschlag.

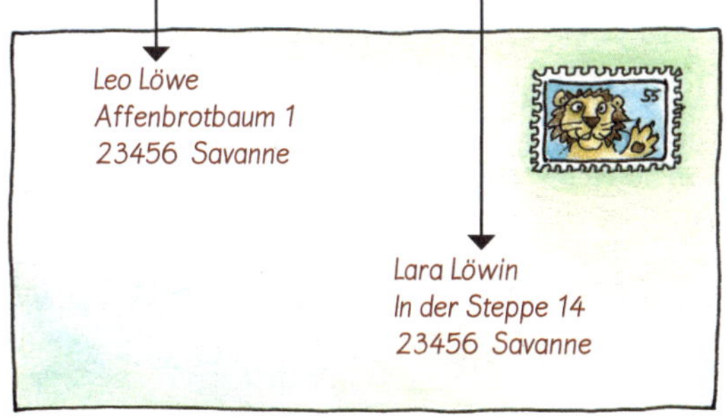

7. Möchtest du mehr über das Buch erfahren?
Vielleicht kannst du es in einer Bücherei
ausleihen. Informiere dich über den Autor
Martin Baltscheit.

T
S.62

Gedichte entflechten

1. Lies genau. Was fällt dir auf?

War einmal ein Bumerang;
Ich freue mich, wenn ich dich seh,
war ein Weniges zu lang.
ich finde dich so nett,
Bumerang flog ein Stück,
ich schenke dir mein H und E,
aber kam niemals zurück.
mein R und auch mein Z.
Publikum – noch stundenlang –
wartete auf Bumerang.

Frantz Wittkamp

Joachim Ringelnatz

2. Schneide ein DIN-A4-Blatt in Streifen.
Schreibe jede Zeile auf einen Streifen.

War einmal ein Bumerang;

Ich freue mich, wenn ich dich seh,

3. Welche Zeilen gehören zu welchem Gedicht?
Ordne sie.

4. Lege deine Streifen in die richtige Reihenfolge.

5. Vergleiche mit einem Partner.

6. Denke dir Überschriften aus.

Denke dir
eine Überschrift aus.

7. Klebe beide Gedichte getrennt auf.
Schreibe die Überschriften darüber.

Lesen mit verteilten Rollen

1. Lies den Text.

Die kleine Maus sucht einen Freund

Die kleine Maus war einsam und allein.
Sie wünschte sich nichts lieber als einen Freund.
Darum lief sie von Tier zu Tier und fragte:
„Wollen wir Freunde sein?“

„Nein“, wieherte das Pferd und graste weiter.
Da lief die Maus zum nächsten Tier und fragte:
„Wollen wir Freunde sein?“
„Nein“, brüllte der Löwe und schüttelte seine Mähne.
Da lief die Maus zum nächsten Tier und fragte:
„Wollen wir Freunde sein?“
„Nein“, schnaubte das Nilpferd und trottete zum Fluss.
Da lief die Maus zum nächsten Tier und fragte:
„Wollen wir Freunde sein?“
„Nein“, kreischte der Affe und rollte mit seinen dunklen Augen.
Da lief die Maus zum nächsten Tier und fragte:
„Wollen wir Freunde sein?“

Viktor Christen

2. Welche Tiere fragt die Maus?
Schreibe sie untereinander heraus.

R: S. 33 Nr. 2 und 3
das Pferd – wiehert
...

3. Wie sprechen die Tiere?
Schreibe die Verben daneben.

4. Lest den Text mit verteilten Rollen.
Versucht so zu sprechen wie das jeweilige Tier.

5. Denkt euch einen Schluss aus.
Spielt die Geschichte vor.

T
S. 63

Ein Gedicht umschreiben

1. Lies das Gedicht.

Kinder einer Welt

Der eine isst gern Pudding,
der andre trocknes Brot.
Der eine lebt im Hochhaus,
der andre auf 'nem Boot.
Ein andrer schläft im Himmelbett
und einer schläft im Zelt.
Und alle, wie sie da sind,
sind sie Kinder dieser Welt.

Der eine kann gut rechnen,
was der zweite nicht gut kann.
Doch das ist nicht so wichtig –
es kommt nur darauf an,
dass man dran denkt und nie vergisst
und Tag und Nacht behält:
Alle, die wir da sind,
sind wir Kinder dieser Welt.

Bernie Conrads

2. Verändere die erste Strophe.
Tausche die blauen oder grünen Wörter durch eigene aus.
Dein Gedicht muss sich nicht reimen.

3. Tauscht die Hefte. Lest eure Gedichte.

4. Was gefällt euch daran gut? Begründet.

5. Aus welchen Ländern kommen die Kinder deiner Klasse?

6. Sucht die Länder auf einer Weltkarte.
Ihr könnt auch nach Ländern suchen, die ihr kennt.

Schlüsselwörter herausschreiben

T
S.64

1. Lies den Text.

Speisen aus aller Welt

In der Klasse 2a sind Kinder aus verschiedenen Ländern.
Heute stellen die Kinder eine Speise aus ihrem Land vor.

Die Familie von Mila kommt aus Ghana. Sie hat eine Suppe
aus Erdnüssen, Hühnchen und Tomaten gekocht.

Buket kommt aus der Türkei. Sie hat mit ihrer Mutter Köfte gebraten.
Das sind kleine Fleischbällchen.

Alex ist aus Russland eingewandert. Sein Opa hat Piroggen gebacken.
Das sind mit Gemüse gefüllte Teigtaschen.

2. Zeichne die Tabelle:

Kind	Land	Speise

3. Suche nach den Schlüsselwörtern im Text.
Übertrage sie in deine Tabelle.

4. Schreibe und male deine Lieblingsspeise auf ein Blatt.

5. Welche Lieblingsspeisen haben die anderen Kinder?
Vergleicht.

6. Welches ist die Lieblingsspeise der Klasse?
Sortiert eure Bilder an der Tafel. Legt eine Strichliste an.

Pizza	Nudeln	...
IIII	II	

Wiesenzwerge und Baumriesen

Ein Gedicht ordnen

1. Achte auf die markierten Wörter.
Schreibe die Reimpaare auf.

R: S. 36 Nr. 1
sitzt – flitzt

2. Welche Gedichtzeilen gehören zusammen?
Finde das Lösungswort.

R: S. 36 Nr. 2
1 2 3 4 5
L _ _ _ _

Das leise Gedicht

1 Wer mäuschenstill
am Bache sitzt,

2 Wer mäuschenstill
im Grase liegt,

3 Wer mäuschenstill
im Bette lauscht,

4 Wer mäuschenstill
im Walde steht,

5 Wer mäuschenstill ist
und nicht stört,

E kann hören,
wie ein Falter fliegt.

L kann hören,
wie ein Fischlein flitzt.

E kann hören,
was man sonst nicht hört.

Alfred Könner

S kann hören,
wie ein Rehlein geht.

I kann hören,
wie der Regen rauscht.

3. Lies das Gedicht mehrmals mit
einem Partner zusammen.

4. Schreibe einen ähnlichen Reim.
Die Wörter helfen dir.

R: S. 36 Nr. 4
Wer mäuschenstill ...
kann hören, wie ...

wartet – startet	Ohren spitzt – sitzt	verweilt – eilt

Sätze zu Bildern schreiben

1. Ordne die Sätze den passenden Bildern zu.
Finde das Lösungswort.

1	Auf einer grünen Wiese steht eine braune Kuh.	N	
2	Ein Schmetterling flattert von Blume zu Blume.	U	
3	In der Luft kreist eine freche Fliege.	B	
4	Auf einer grünen Wiese steht eine schwarze Kuh.	T	

2. Schreibe passende Sätze zu den Bildern.
Die Wörter helfen dir.

Spatz	Spinne	Ameise	Maulwurf
graben	schleppen	sitzen	weben

3. Schreibe weitere Sätze und male dazu.
Du kannst ein kleines Wiesenleporello basteln.

Ein Gedicht betont vortragen

Herr Schneck

Herr Schneck
(mit seinem Versteck)
kommt so rasch,
dass es braust
um die Ecke gesaust.
Da schreit er laut:
„Halt!!!
Fast
wären wir
zusammengeknallt!
Herr!!!
Sehen Sie nicht,
dass ich
die Vorkriech habe?
Sie sind vielleicht
ein Unglücksrabe!

Beinahe hätte es
einen Unfall gegeben,
mir verdanken Sie,
dass Sie
noch leben!
Sie haben wohl
keinen Kriecherschein?“
„Nein!“,
brummt der Stein.

Max Kruse

1. Schreibe das Gedicht ab.

2. Übe das Gedicht vorzulesen:

- Lies das Gedicht mehrmals.
- Markiere Wörter, die du betonen möchtest.
- Übe schwierige Stellen.
- Verändere deine Stimme: laut, leise, piepsig, brummig, …

3. Übe mit einem Partner.
Gebt euch Tipps.

4. Übt als Dreiergruppe den Vortrag.
Spielt dazu.

Einen Brief schreiben

1. Herr Schneck möchte seinem Freund
Rudi Ringelwurm von seinem Erlebnis berichten.
Schreibe an seiner Stelle einen Brief.
Die Stichwörter helfen dir.

R: S. 39 Nr. 1
Lieber Rudi,
gestern ...

um die Ecke gesaust

fast ein Unfall

hatte Vorkriech

Stein hatte keinen Kriecherschein

2. Lies die beiden Briefe einem Partner vor.

Liebe Schnecke,

darf ich Sie einladen, einmal mit mir zu tanzen,
und zwar oben auf Ihrem Haus?
Nur ein paar Schritte?
Das ist mein größter Wunsch.
Ich werde sehr vorsichtig sein,
damit wir nicht durch Ihr Dach brechen.
Das verspreche ich. Aber ganz sicher
kann man natürlich nie sein.

Elefant

Lieber Elefant,

vielen Dank für Ihren Brief.
Später möchte ich bestimmt einmal
mit Ihnen auf meinem Dach tanzen.
Da bin ich mir fast sicher.
Ich glaube, dass ich
sehr gut tanzen kann.
Aber vorläufig passt es mir
leider nicht so gut.

Schnecke

Toon Tellegen

3. Schreibe einen Brief an ein anderes
Tier auf schönes Papier.

R: S. 39 Nr. 3
Liebe ...

4. Lass einen Partner auf deinen Brief antworten.

T
S.65

Schlüsselwörter herausschreiben

1. Lies den Text.
Überlege, welche Wörter Schlüsselwörter sind.

Die Margerite

Die Margerite | ist eine Blume,
die auf vielen Wiesen | zu finden ist.
Ihre Blüte | sitzt | auf einem Stängel,
der bis zu | einem Meter | hoch werden kann.
Am Stängel | wachsen gezahnte Blätter.
Margeriten haben | ein goldgelbes Herz.
Dies ist | von weißen Blütenblättern | umgeben.
Blumenhändler | bieten Margeriten
oft in | verschiedenen Farben an.
Dazu verwenden sie | einen Trick.
Sie stellen | die Sträuße | einige Zeit
in gefärbtes Wasser.

2. Lege ein Blatt neben den Text.
Notiere die Schlüsselwörter.

3. Berichte einem Partner mit Hilfe der Schlüsselwörter, was du über die Margerite weißt.

4. Diese Blumen findest du auf keiner Wiese.
Schreibe die richtigen Blumennamen auf.

R: S. 40 Nr. 4
Löwenzahn, ...

Löwenmohn	Gänsemäulchen	Klatschzahn	Löwenblümchen

Einen Steckbrief schreiben

T
S.66

1. Lest den Text. Klärt schwierige Wörter.

Der Maulwurf

Der Maulwurf ist ein Säugetier.
Sein 10 – 17 cm langer Körper ist walzenförmig.
Das meist graue Fell des Maulwurfs ist dicht.
Die Augen des Maulwurfs sind fast blind.
Seine Nase ist sehr spitz.
Mit seinen großen Pfoten kann er gut graben.
Maulwürfe fressen vor allem Regenwürmer und Insekten.
Eulen, Bussarde und Füchse gehören zu den Feinden des Maulwurfs.

In einem Steckbrief sammelt man alle wichtigen Merkmale eines Lebewesens oder eines Gegenstandes.
Diese schreibt man in Stichworten geordnet auf.

2. Schreibe den Steckbrief des Maulwurfs auf.
Ergänze die Angaben mit Hilfe des Textes.

Steckbrief zum Maulwurf

Größe:	*10 – 17 cm*	*Nase:*	
Körper:	*walzenförmig*	*Pfoten:*	
Fell:		*Nahrung:*	
Augen:		*Feinde:*	

3. Suche dir einen Text zu einem Tier aus.
Schreibe dazu einen Steckbrief wie bei Aufgabe 2.

Eine Pflanze mündlich beschreiben

1. Schreibe den Steckbrief ab. Ergänze die Angaben.

Pusteblume, Kuhblume

leuchtend gelb

5 bis 50 cm

Wiese, Rasen

Steckbrief zum Löwenzahn

Blütenzeit:	März bis November
Standort:	
Blütenfarbe:	
Blattform:	wie ein Löwengebiss
Größe:	
Andere Namen:	

Du musst etwas genau beschreiben, damit der Leser oder Hörer sich dies gut vorstellen kann.

Achte auf folgende Punkte:
- Überlege eine Reihenfolge in der Beschreibung.
- Nenne Größe, Farbe, Form, Besonderheiten.
- Benutze treffende Wiewörter und Namenwörter.

2. Beschreibe einem Partner den Löwenzahn. Der Steckbrief hilft dir. Beginne so: *Der Löwenzahn blüht von …*

3. Schreibe Sätze über den Löwenzahn.

Einen Baum beschreiben

T
S.67

Ein ganzer Baum

BLATT BLATT BLATT
BLATT BLÜTE BLATT BLA
TT KNOSPE BLATT BLATT
BLATT BLÜTE KNOSPE BLA
TT VOGEL BLATT BLATT BLATT
BLATT BLATT BLÜTE BLATT
BLATT BLATT BLÜTE BLATT BLA
TT BLATT BLATT BLATT BLATT
BLATT KNOSPE BLATT BLATT
TT BLATT BLÜTE BLATT
BLATT BLATT BLATT BLA
TT BLATT BLÜTE BLATT
STAMM
STAMM
STAMM
STAMM
STAMM ST
AMM STAMM
STAMM STAMM

Eva zieht | ihr Heft | und ihren Füller
aus der Tasche.
Sie schreibt:
Unser Baum | hat Wurzeln.
Er hat | einen Stamm.
Er hat | eine Krone.
Der Großvater | schaut ins Heft | und sagt:

„Das ist | noch kein Baum."
Eva schreibt weiter:
Im Frühling | macht der Baum | Knospen und Blüten.
Im Sommer | hat er | grüne Blätter.
Im Herbst | trägt er | bunte Blätter | und Früchte.
Im Winter | ist er kahl.

„Das ist | immer noch | kein ganzer Baum", | sagt der Großvater.
Eva schreibt weiter:
Vögel wohnen | in ihm.
Käfer und Bienen | besuchen ihn.
Der Wind spielt | mit seinen Blättern.
Die Sonne wärmt | seine Krone.
Der Regen tropft | von den Zweigen.
Der Schnee liegt | auf seinen Ästen.

„Jetzt wird | dein Baum | immer schöner", | sagt der Großvater.
Und Eva | schreibt weiter:
Der Baum | duftet.
Er flüstert | und rauscht.
Sein Stamm | ist rau.
Aber die Blätter | sind glatt | und fein.
Wenn es heiß ist, | lege ich mich | in seinen Schatten.
Einmal habe ich | unter ihm | einen toten Vogel | begraben.
Und wenn ich | in seine Krone klettere, | nimmt er mich | in seine Arme.
Er gleicht | meinem Großvater.

Hans Manz

1. Zeichne Evas Baum mit Wörtern nach. Ergänze Wörter aus dem Text.

Genaues Lesen und Beschreiben

1. Suche die Zeilen im Text „Ein ganzer Baum“.
Lies einem Partner vor.
Ergänze dabei die fehlenden Wörter.

Der Baum .

Er flüstert und .

Sein ist rau.

Aber die sind glatt und .

2. Hier haben sich vier falsche Wörter eingeschlichen.
Lies im Text nach.
Schreibe sie mit den richtigen Wörtern auf.

R: S. 44 Nr. 2
kalt – heiß, ...

Wenn es kalt ist, lege ich mich in seinen Schatten.

Einmal habe ich unter ihm einen toten Elefanten begraben.

Und wenn ich in seine Krone schwebe, nimmt er mich in seine Beine.

3. Schreibe den richtigen Text auf.

R: S. 44 Nr. 3
Wenn es heiß ist, ...

4. Welche Bäume kennst du? Schreibe auf.
Unterstreiche deinen Lieblingsbaum.

R: S. 44 Nr. 4
Ahorn, ...

5. Suche Informationen zu deinem Lieblingsbaum.
Schreibe einen Steckbrief.

R: S. 44 Nr. 5
Baumart:
Größe:
Alter:
Blattform:

6. Beschreibe nun deinen Lieblingsbaum.

Texte entflechten

T
S. 68

1. Hier sind zwei Texte durcheinandergeraten.
Ordne die Buchstaben den Bäumen zu.
Finde die Lösungswörter.

R: S. 45 Nr. 1
Der Apfelbaum: B...
Die Tanne: ...

Der Apfelbaum
Die Tanne

B Im Mai blühen die rosaweißen Apfelblüten.
N Die Tannen sind das ganze Jahr über grün.
L Bienen besuchen die Blüten.
A Die nadelförmigen Blätter sind flach und biegsam.
A Aus den befruchteten Blüten entwickeln sich Äpfel.
D In Zapfen reifen die Samen des Baumes, die dann herunterfallen.
T Im Herbst können sie geerntet werden.
E Einige Waldtiere ernähren sich von diesen Samen.
L Aus Tannen werden Papier, Möbel und Brennholz hergestellt.
T Aus Äpfeln kann man Apfelmus oder Saft machen.
N Manche Bäume werden als Weihnachtsbäume verkauft.

2. Schreibe den Text über den Apfelbaum auf.

R: S. 45 Nr. 2
Der Apfelbaum
Im ...

3. Lies den Text über die Tanne vor.

4. Schreibe die Sätze mit dem richtigen Wort auf.

R: S. 45 Nr. 4
1 Apfelbäume ...

1 Apfelbäume blühen im März/Mai/Juni.

2 Bienen besuchen die Blätter/Früchte/Blüten.

3 Nadeln sind Blätter/Ästchen/Knospen.

4 Einige Waldtiere fressen Sand/Samen/Samt.

5 Aus Tannenholz macht man Pudding/Plastik/Papier.

6 Aus Äpfeln kocht man Apfelmus/Ampeln/Apfelsinen.

T
S. 69

Eine Bildergeschichte schreiben

1. Bringe die Stichpunkte in die richtige Reihenfolge.

R: S. 46 Nr. 1
• Frosch ...

lässt vor Schreck den Kescher fallen

Mann am Kopf getroffen

Frosch fast getroffen

sammelt ärgerlich den Müll ein

Frosch schwimmt fröhlich im See

Müll landet im See

schleudert Müll zurück an den Strand

2. Welcher wichtige Stichpunkt ist auf keinem der Bilder zu erkennen? Markiere ihn.

3. Überlege mit einem Partner, was der Frosch auf den einzelnen Bildern denken oder sagen könnte.

4. Schreibe nun die Geschichte auf. Die Stichpunkte helfen dir.

Traumfänger und Erfinderglück

Einen Comic schreiben

T
S. 70

1. Schaut die Bilder an. Erzählt die Geschichte.

Nur ein Traum

2. Was könnte in den Sprechblasen stehen?
Schreibe auf.

R: S. 47 Nr. 2
1) ...

3. Welches Abenteuer hast du schon im Traum erlebt?
Zeichne einen Comic oder schreibe eine Geschichte.

Fragen und Antworten zuordnen

1. Betrachtet die Bilder. Wovon träumen die Tiere?

2. Lest das Gedicht. Was fällt euch auf?

Wovon träumt der Igel

Wovon träumt der Igel mit Geschnauf?
Von einem Streifen Schweinespeck.
Wovon träumt der Rabe bei Eis und Schnee?
Dass er den Hund mal beißen kann.
Wovon träumt das Huhn bei Wind und Sturm?
Von einem Hundertmeterlauf.
Wovon träumt der Fuchs mit arger List?
Von einem fetten Regenwurm.
Wovon träumt die Maus in ihrem Versteck?
Von warmen Pantoffeln an jedem Zeh.
Wovon träumt der Has' im dicken Tann?
Dass jeder Zaun voll Löcher ist.
Mein liebes Kind, nun träum auch du,
mach deine lieben Augen zu.

Alfred Könner

3. Schreibt die Sätze auf Papierstreifen.

4. Markiert die Reimwörter am Ende der Zeilen.

5. Ordnet jeder Frage die richtige Antwort zu.
Klebt das Gedicht geordnet auf.

6. Hast du auch einen Wunschtraum?
Schreibe auf und male dazu.

Wichtige Begriffe für Textforscher

1. Kennst du diese Märchenfiguren? Erzähle.

Märchen sind besondere Geschichten. Sie beginnen meist mit: „Es war einmal ...“ und enden mit: „... und wenn sie nicht gestorben sind, so leben sie noch heute.“ Oft spielen Zahlen und Zaubersprüche eine wichtige Rolle und das Gute siegt über das Böse.

2. Welche Märchen-Merkmale kommen in den Textausschnitten vor? Finde das Lösungswort.

R: S. 49 Nr. 2
1 2 3 4 5
A _ _ _ _

1	Einstiegssatz	F	... über den sieben Bergen bei den sieben Zwergen ...
2	Zauberspruch	E	Als die böse Königin auf das Hochzeitsfest kam, erstarrte sie.
3	Zahl	A	Es war einmal mitten im Winter.
4	das Gute siegt	L	Und wenn sie nicht gestorben sind, dann leben sie noch heute.
5	Schlusssatz	P	Spieglein, Spieglein an der Wand, wer ist die Schönste im ganzen Land?

3. Wie heißt das Märchen? Lest es gemeinsam.

Ein Märchen erarbeiten

1. Kennst du die beschriebenen Märchenfiguren?
Schreibe ihre Namen auf.

R: S. 50 Nr. 1
1 ...

Name:	**1**	**Name:**	**2**
Alter:	*– junges Mädchen*	**Alter:**	*– junges Mädchen*
Aussehen:	*– Haare schwarz wie Ebenholz* *– Lippen rot wie Blut* *– Haut weiß wie Schnee*	**Aussehen:**	*– hübsch*
Wohnort:	*– hinter den 7 Bergen bei den 7 Zwergen*	**Wohnort:**	*– eine Zeit lang bei Frau Holle*
Besonderheit:	*– die Schönste im ganzen Land*	**Besonderheit:**	*– fleißig, wird für ihre Arbeit mit Gold belohnt*

2. Lies das Märchen.

Frau Holle

Es war einmal eine Witwe, die hatte zwei Töchter.
Eine von ihnen war schön und fleißig, die andere aber
hässlich und faul. Sie hatte die Faule viel lieber,
weil es ihre richtige Tochter war.
Die andere jedoch musste die ganze Arbeit tun.
Jeden Tag saß sie am Brunnen, um dort zu spinnen.

Eines Tages fiel ihr die Spule des Spinnrades
in den Brunnen hinein.
„O je“, sagte sie, „nun ist mir die Spule in den
Brunnen gefallen. Was soll ich nur machen?“
Die Stiefmutter befahl ihr:
„Spring in den Brunnen und hole die Spule zurück!“
So sprang das Mädchen voller Verzweiflung in den Brunnen.

Als es aus einem tiefen Schlaf erwachte, lag es auf einer wunderschönen Wiese. Dort stand ein Backofen voller Brot. Das Brot rief: „Zieh mich heraus, ich bin schon fertig gebacken!" Das Mädchen zog das Brot mit einem Schieber heraus.

Dann ging es weiter und kam zu einem Apfelbaum. Der Baum rief: „Schüttel mich, meine Äpfel sind schon alle reif!" So schüttelte das Mädchen den Baum, bis kein Apfel mehr an ihm hing.

Da kam es zu einem Haus. Dort lebte Frau Holle. Frau Holle sprach: „Bleib bei mir und hilf mir die Betten zu schütteln. Dann wird es auf der Erde schneien und die Kinder freuen sich." Gerne blieb das Mädchen bei ihr und half fleißig die Betten zu schütteln.

Nach einiger Zeit aber sagte das Mädchen: „Ich habe Heimweh. Bitte lass mich wieder nach Hause gehen." Frau Holle antwortete: „Weil du so fleißig gearbeitet hast, möchte ich dich belohnen." Sie führte das Mädchen unter ein Tor und daraus fiel Goldregen.
Als das Mädchen aus dem Brunnen stieg, schrie der Hahn:
„Kikeriki, unsere Goldmarie ist wieder hie!"

Als die Stiefmutter dies alles erfuhr, sagte sie zu der anderen Tochter: „Geh und hole dir das Gold ebenso wie deine Schwester."
Das Mädchen ließ eine Spindel in den Brunnen fallen und sprang gleich hinterher.

Auch sie erwachte auf der Blumenwiese. Auch bei ihr rief das Brot:
„Zieh mich heraus, ich bin schon fertig gebacken!"
Sie aber antwortete nur:
„Wieso soll ich mir die Hände schmutzig machen?"
Und sie ging weiter.

Auch der Apfelbaum bat:
„Schüttel mich, meine Äpfel sind alle reif!"
Das Mädchen entgegnete: „Das ist mir zu gefährlich.
Mir könnte ein Apfel auf den Kopf fallen!"

Als sie bei Frau Holle ankam, wurde sie ebenso wie ihre Schwester aufgenommen. Aber schon am zweiten Tag erledigte sie die Arbeit nur noch ganz langsam. Am dritten Tag blieb sie im Bett liegen und träumte vom Reichtum. Schon bald schickte Frau Holle sie nach Hause. Sie brachte sie unter das Tor. Aber statt des Goldes fiel Pech auf das Mädchen hinunter. Und Frau Holle sagte zu ihr:
„Das ist der Lohn für deine Faulheit."

Als sie aus dem Brunnen stieg, rief der Hahn:
„Kikeriki, unsere Pechmarie ist wieder hie!"
Und das Pech blieb ihr Leben lang an ihr hängen.

nach Brüder Grimm

3. Schreibe alle Figuren auf, die im Märchen vorkommen.

R: S. 52 Nr. 3
Stiefmutter, ...

4. Zeichne den Weg der beiden Schwestern auf. Du kannst ihn auch beschriften.

5. Notiere in einer Tabelle, wie sich die Schwestern an den verschiedenen Orten verhalten.

R: S. 52 Nr. 5

Ort	Goldmarie	Pechmarie
Brunnen	spinnt, fleißig	...
Backofen		

6. Lest das Märchen „Frau Holle" mit verteilten Rollen. Überlegt, wie viele Leser ihr braucht. Macht die Stimmen der Figuren nach.

Ein Theaterstück planen und vorführen

1. Bildet Gruppen.
Lest das Märchen „Frau Holle“ noch einmal.
Schreibt auf, wer welche Rolle übernehmen soll.

R: S. 53 Nr. 1
Stiefmutter: ...

2. Überlegt, welche Gegenstände und Kulissen* ihr benötigt. Erstellt eine Liste.

R: S. 53 Nr. 2
Spindel, Brunnen ...

Wenn ihr ein Theaterstück plant, überlegt euch:

- welche Figuren mitspielen,
- wer die Rollen übernehmen soll,
- welche Gegenstände und Kostüme benötigt werden,
- wie die Kulissen gestaltet sein sollen.

3. Teilt die Abschnitte des Märchens unter euch auf.
Schreibt den Text so auf, wie ihr ihn beim Vorspielen sprechen wollt.

Erzähler:	*Es war einmal eine Witwe, ...*
Goldmarie: (traurig)	*Oje, jetzt ist mir die Spule ...*
Stiefmutter: (befehlend)	*Spring in den Brunnen und ...*

4. Übt das Theaterstück mehrmals.
Lernt eure Rollen auswendig.

5. Überlegt, wann und wo ihr euer Theaterstück vorführen wollt.
Ihr könnt Plakate oder Einladungskarten gestalten.

* Kulisse nennt man den Hintergrund der Theaterbühne.

Wortspielereien

1. Lest die langen Wörter. Erklärt die Erfindungen.

Praktische Erfindungen

Kinderzimmeraufräumer

Witzfigurenbuntstiftmaler

Reißverschlusshochzieher

Traumwolkenreiseführer

Turboschnellgangrasenmäher

Sommergeschichtenerfinderfrau

Kinderspielplatzhundehaufensucher

2. Schreibe bei drei Erfindungen die Wörter auf, aus denen sie zusammengesetzt sind.

R: S. 54 Nr. 2
Kinder, ...

3. Tausche in einigen Erfindungen Wörter aus. Unterstreiche die Veränderungen.

R: S. 54 Nr. 3
Klassenzimmeraufräumer, ...

4. Setze diese Wörter zu Erfindungen zusammen.

Wolken | weg | Regen | Schieber

Fleck | Tomaten | Soßen | Entferner

Klingel | Putzer | Knopf | Haus | Reihen

5. Überlege dir eigene Erfindungen. Schreibe oder male dazu.

6. Stellt eure Erfindungen vor.

Ein Leserätsel lösen

T
S. 71

1. Lies den Text.

Auf dem Siegertreppchen

Fritz Flink ist Reporter bei der Radiosendung „Schnell informiert, schon bevor es passiert“. Er ist berühmt dafür, immer als erster die wichtigsten Nachrichten des Tages bekannt zu geben. Heute Abend soll auf der Erfindermesse die beste Erfindung des Jahres prämiert werden. Jeder ist gespannt, welche drei Erfinder die ersten Plätze belegen werden. Fritz Flink hat sich schon heute Morgen auf der Messe umgehört und wichtige Informationen notiert. Später jubelt er: Er kann schon in der Nachmittagssendung die Platzierungen bekannt geben!

Folgende Informationen hat er sich notiert:

1. Das Zeitreiseflugzeug wird den ersten Platz erhalten.
2. Erfinder Immergut würde nie ein Flugzeug bauen.
3. Der dritte Platz geht an den Erfinder der Bonbonmaschine.
4. Neben ihm steht der Erfinder der Stiefelheizung.
5. Neuikus erfand nicht die Bonbonmaschine.
6. Der zweite Platz geht an Erfindibus.

2. Zeichne die Tabelle ab.
Trage alle Informationen ein, die du erhalten hast.
Dann kennst auch du die Platzierungen.

	1. Platz	2. Platz	3. Platz
Erfinder			
Erfindung			

T
S.72

Eine Geschichte nacherzählen 1

1. Falte ein Blatt Papier drei Mal zur Hälfte und wieder auf. Schneide das Blatt an den Faltlinien auseinander. Nummeriere deine Erzählkarten von 1 bis 8.

2. Lies den Text.

Die größte Erfindung aller Zeiten

1 Parzifal Pechfinger war der größte Erfinder aller Zeiten.

2 Er hatte eine Wolkenzählmaschine erfunden und einen Reißverschluss für Ritterrüstungen.

3 Seine nächste Erfindung aber sollte seine größte werden: Er würde Gold machen. Jawohl, echtes Gold! Löwenzahnblüten – das war sein Geheimnis!

3. Schreibe die erste Erzählkarte ab.

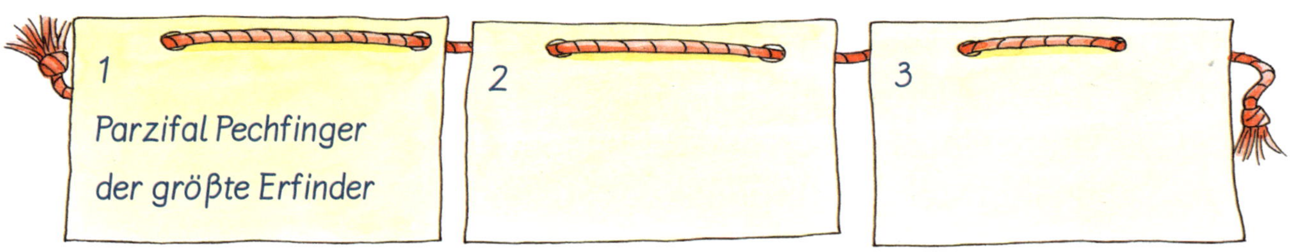

4. Schreibe die anderen markierten Schlüsselwörter auf deine 2. und 3. Erzählkarte.

5. Finde die Schlüsselwörter im nächsten Absatz. Schreibe sie auf die 4. Erzählkarte.

4 An einem kalten Apriltag schleppte Parzifal einen Riesensack Blüten, reichlich Butter und einige streng geheime Zutaten in sein Labor.

Eine Geschichte nacherzählen 2

1. Finde auch hier die Schlüsselwörter.

5 Nach zwei Stunden harter Arbeit stand er vor einem zähen, goldgelben Brei. Dann legte er sich ein Stündchen ins Bett.

6 Als er erneut die Stufen zum Labor hinunterstieg, kam ihm ein merkwürdiger Geruch entgegen. Vorsichtig lugte Parzifal durch die Labortür. Der goldene Brei stand unverändert auf dem Tisch.

7 Zögernd pikste Parzifal mit dem Finger in seine Erfindung. „Blobblob!“, machte der Brei und schwabbelte vom Tisch herunter.

8 Zwei Augen zwinkerten Parzifal zu und ein breiter Mund lächelte ihm aus der goldenen Masse entgegen. „Der Mai ist geko – ommen“, sang der Brei und schwabbelte duftend die Treppe hinauf.

Cornelia Funke

2. Lege die vier weiteren Erzählkarten an.

3. Erzähle mit Hilfe der Karten die Geschichte nach.

Wenn du eine Geschichte nacherzählst, kannst du so vorgehen:

- Lies die Geschichte.
- Finde die Schlüsselwörter.
- Nummeriere deine Erzählkarten.
- Übertrage die Schlüsselwörter auf die Karten.
- Kannst du mit den Erzählkarten die Geschichte nacherzählen? Wenn nicht, ergänze weitere Schlüsselwörter.

4. Erzähle eine andere Geschichte mit Hilfe von Erzählkarten nach.

Leseratten und PC-Mäuse

Wichtige Begriffe für Textforscher

1. Lies die Sätze.
Überlege, welcher Begriff jeweils passt.

Titel	Verlag	Autor	Illustrationen

Der Mensch, der Bücher schreibt, heißt .

Jedes Buch hat einen Namen. Das ist der .

In einem werden Bücher hergestellt.

Die Bilder eines Buches nennt man .

2. Schreibe die Sätze richtig auf.

Den vorderen Umschlag eines Buches nennt man <u>Cover</u> [Kawer].
Es gibt Informationen zum Titel, Autor/-in und Verlag des Buches.
Meist ist ein passendes Bild zum Inhalt abgedruckt,
das dich neugierig auf das Buch machen soll.

3. Schau dir das Cover an.
Schreibe die Angaben zu dem Buch so auf:

Titel: …
Autor: …
Verlag: …

4. Suche dir drei Bücher aus.
Schreibe die Informationen wie bei Aufgabe 3 auf.

5. Bekommst du heraus, wer die Illustrationen gemalt hat?
Schreibe es dazu.

Sich in einer Bücherei zurechtfinden

1. Lukas sucht ein Lexikon über Tiere.
In welche Abteilung muss er gehen? Begründe.

Geschichten	Sachbücher	Bilderbücher

In einer Bücherei kannst du Medien ausleihen:
z. B. Bücher, CDs, DVDs, Zeitschriften, Spiele.

Bücher gibt es in verschiedenen Abteilungen:
z. B. Sachbücher, Bilderbücher.

In den Regalen sind sie nach Themen sortiert:
z. B. Tiere, Hobby, Natur.

So kannst du ein Buch schneller finden.

2. Informiere dich in einer Bücherei oder im Internet.
Schreibe die Antworten auf.

R: S. 59 Nr. 2
1. ...

1. Wer arbeitet in einer Bücherei?
2. Was brauchst du, wenn du ein Buch ausleihen willst?
3. Wo kannst du nachschauen, wenn du ein Buch nicht findest?

3. Welche Themen interessieren dich?

R: S. 59 Nr. 3
Ich mag ...

4. Tauscht euch über die Themen aus.

5. Welches sind die Lieblingsthemen der Klasse?
Stimmt ab.

6. Ihr könnt einen Büchertisch zu einem Thema einrichten.

T
S. 73

Ein Lesetagebuch gestalten

Mit einem Lesetagebuch kannst du dich daran erinnern, was du schon alles gelesen hast.
Du sammelst darin Eindrücke und Ideen, die du beim Lesen bekommst.

Du kannst einen Text:

- *loben,*
- *tadeln,*
- *abschreiben und gestalten*
- *und Bilder dazu malen.*

1. Schreibe untereinander auf, was du mit einem Text machen kannst.

2. Lies die Einträge der Kinder.
Was haben sie gemacht?
Schreibe die Zahlen richtig daneben.

R: S. 60 Nr. 1 und 2
· loben: 1,
· tadeln:

Die Autorin hat schöne Worte gefunden. **1**

Ich empfehle das Buch nicht weiter, weil … **2**

Mir hat es gefallen, wie die Kinder sich vertragen haben. **3**

Der Bücherfresser

4

Es hat mir sehr viel Spaß gemacht, das Buch zu lesen. **5**

Ich fand die Geschichte langweilig und viel zu lang. **6**

Meine Bücher
Ich liebe meine Bücher,
jedes Buch ist ein .
Die Leute darin
kommen heraus.
Josef Guggenmos **7**

3. Gestalte dein eigenes Lesetagebuch.

Ein Buch vorstellen

T
S. 74

Franz stellt sein Lieblingsbuch vor.

1. Suche auf dem Cover die wichtigen Angaben.
Schreibe sie so auf:

Titel:

Autorin:

Verlag:

2. Franz überlegt, was er vorlesen soll.
Welche Textstelle macht dich neugierig?

In seinem Zimmer zieht Jan-Arne die Tür hinter sich zu. Mama hat recht. So richtig gut riecht es bei King-Kong wirklich nicht mehr.

Im Ranzen wird das Rascheln lauter. Jan-Arne holt einmal tief Luft. „Pass mal auf, Michi, ich muss dir was sagen“, sagt er ...

3. Lies die ausgewählte Textstelle einem Partner vor.
Begründe deine Wahl.

4. Bereite eine Buchvorstellung zu deinem Lieblingsbuch vor.

Diese Tipps helfen dir bei einer Buchvorstellung:

- Nenne wichtige Informationen (Titel, Autor/-in, Verlag).
- Erzähle zum Inhalt.
- Stelle die Hauptpersonen vor.
- Wähle eine Textstelle zum Vorlesen aus.
- Begründe, warum dir das Buch gefällt.

Genaues Lesen

1. In diesem Text findest du Wörter, die nicht passen.
Lege ein Blatt neben den Text.
Schreibe die falschen Wörter heraus
und die richtigen daneben.

R: S. 62 Nr. 1
Großkater – Großvater

Stens Großkater vererbte der Familie
seine Bücher, die Decke, auf der sein Hund
immer gelegen hatte, und eine Holzliste.
Die Decke wollten Stens Eltern nicht,
wegen der Hundehaare.
„Und all die Tücher“, stöhnte Mama.
„Was sollen wir mit denen?“
„Verfeuern!“, schlug Papa vor.
Da guckte Sten ihn ganz streng an.
Papa wurde rot wie ein Radieschen und
schleppte Opas Bücher auf den Lachboden.
Sten aber schlich auf den Dachboden,
packte alle Bücher aus und stapelte
sie zu Händen.
Als Bach nahm er die alte Decke und
als Beleuchtung Papas Taschenlampe.

nach Cornelia Funke

2. Habt ihr alle falschen Wörter gefunden? Vergleicht.

3. Denkt euch eine passende Überschrift für den Text aus.

4. Welche Bücher wären in deiner Bücherkiste?
Schreibe deine Lieblingsbücher auf.

R: S. 62 Nr. 4
Meine Lieblingsbücher

T
S.75

Sprachspielereien

1. Übe, den Text laut und schnell zu lesen.

Als neulich das Telebimmel fonte,
bin ich die Wetze hinuntergetreppt,
über den Rannhof gehühnert und
voll mit dem Kopf gegen die Bums getürt.

Anonym

2. Lies den Text, als ob du außer Atem wärst.

3. Schreibe den Text richtig auf.
Vertausche dazu die markierten Wörter.
Gehe so vor:

R: S. 63 Nr. 3
Als neulich das
Telefon bimmelte, ...

Als neulich das Telebimmel fonte,

Als neulich das Telefon bimmelte,

4. Lies den Text. Kannst du ihn beim Lesen
so verändern wie oben?

Als neulich das Telefon schellte,
bin ich durch mein Zimmer gestolpert,
über den Tisch gepurzelt und
dann mit meiner Schwester zusammengerasselt.

5. Schreibe den veränderten Text auf.
Das Beispiel aus Aufgabe 3 hilft dir.

R: S. 63 Nr. 5
Als neulich das
Teleschell fonte, ...

6. Schreibe deinen eigenen Telebimmeltext.
- Schreibe zuerst den Text richtig auf.
- Verändere dann die Wörter wie in Aufgabe 4 und 5.
- Du kannst auch mit einem Partner arbeiten.

Fragen zum Text beantworten

Nele telefoniert

Mama und Papa kamen | zu Nele ins Zimmer.
Mama sagte: | „Wir sind bei Bernhards | eingeladen.
Ruf dort an, | wenn etwas sein sollte.
Die Nummer steht | im kleinen Telefonbüchlein.“
Und der Papa | fügte noch hinzu:
„Sie wohnen ja | gleich um die Ecke.
In einer Minute | sind wir bei dir.“

Nele hatte keine Zeit, | Mama und Papa zuzuhören.
Sie war nämlich | gerade beim Lesen
und furchtbar gespannt, | wie die Geschichte
vom Räuber Zasi weiterging.
Gerade schlich er | durch den Garten | des alten Schlosses.
Sein Mantel flatterte | im Wind,
der Mond schien | auf das Messer | in seiner Hand.
Am Schloss klapperten | die Läden | – da erschrak Nele.
Hatte der Fensterladen nebenan | nicht auch geklappert?

Wo waren Mama und Papa | eigentlich hingegangen?
Was hatten sie gesagt?
Irgendetwas | vom kleinen Telefonbüchlein.
Zu dumm, | so viele Telefonnummern | standen darin!
Wieder klapperte der Fensterladen,
im Schrank knackte es,
und der Mond | grinste ganz spöttisch
durchs kleine Küchenfenster hinein.
Waren Mama und Papa | bei Onkel Bernd?
Nele wählte die Nummer.

Friederun Reichenstetter/Charlotte Panowsky

1. Warst du auch schon einmal allein zu Hause?
   Erzähle, wie du dich gefühlt hast.

2. Was machst du, wenn du Angst hast?

3. Was stimmt?
Schreibe die richtigen Antworten auf.

R: S. 65 Nr. 3
1. Sie steht im ...

1. Wo steht die Nummer von Bernhards?

- Sie steht im alten Telefonbüchlein.
- Sie steht im kleinen Telefonbüchlein.
- Sie steht im dicken Telefonbuch.

2. Wie lange brauchen Neles Eltern, um wieder zu Hause zu sein?

- Sie brauchen nur elf Minuten.
- Sie brauchen nur einen Monat.
- Sie brauchen nur eine Minute.

3. Warum hört Nele ihren Eltern nicht richtig zu?

- Sie liest gerade ein fürchterliches Buch.
- Sie liest gerade und ist furchtbar gespannt.
- Sie liest gerade und ist furchtbar ängstlich.

4. Wo hat der Räuber das Messer?

- Er trägt es in der Hand.
- Er trägt es in der Hosentasche.
- Er hat es im Mantel.

5. Bei wem ruft Nele am Ende an?

- Sie ruft bei Bernhards an.
- Sie ruft bei Onkel Bernie an.
- Sie ruft bei Onkel Bernd an.

4. Vergleicht eure Antworten.

5. Bastle dir ein eigenes Telefonbüchlein.
Trage wichtige Nummern ein.

T
S. 76

Informationen überprüfen

1. Lies die Fernsehsendungen.
Was fällt dir auf?

Fernsehsendung	Uhrzeit
1, 2 oder Brei	17.35
Unser Sandkännchen	1●.50
Tigertinten Club	10.●●
Willi will's küssen	
Au warte!	
Ein Steinschloss	

2. Vergleiche mit einem Fernsehprogramm.
Schreibe die Sendungen richtig untereinander auf.

3. Suche die richtigen Uhrzeiten.
Schreibe sie daneben.

R: S. 66 Nr. 2 und 3
Fernsehsendungen
1, 2 oder 3 – 17.35 Uhr

4. Schreibe Sendungen mit lustigen Tippfehlern auf.

5. Tauscht eure Hefte.
Könnt ihr alle Sendungen erraten?

6. Welche Sendungen darfst du regelmäßig schauen?
Schreibe die Sendungen mit Uhrzeit auf.

7. Sind alle Sendungen für Kinder gedacht?
Sprecht in der Klasse darüber.

Textsorten erkennen

1. Kannst du die Texte zuordnen?
Schreibe die richtige Nummer dazu.

R: S. 67 Nr. 1
Telefonbuch – 3

Telefonbuch	Brief	Fernsehzeitschrift	Zeitung

1	Der Text ist mit der Hand oder am Computer geschrieben. Die Anrede lautet: „Liebe ...“
2	Die Namen der Sendungen sind untereinander abgedruckt. Die Uhrzeiten stehen neben den Sendungen.
3	Namen sind nach dem Abc geordnet. Adressen und Telefonnummern stehen neben den Namen.
4	Die Überschrift ist fett gedruckt. Es wird über etwas berichtet.

2. Ergänze nun,
woraus diese Ausschnitte sind.

R: S. 67 Nr. 1 und 2
Telefonbuch – 3 – B

A

) Marcemmo (ab 6)
26tlg.Trickserie. Die Fliege
8.55 **Musik Boxx** Hits für Kids
9.00 **Die Schlümpfe (ab 4)** 3-D-Tric
9.25 **Mamfies Abenteuer (ab 3)**
Trickserie. Die geheimnisvolle

B

Peter Dannenweg 4 853
os Gisela Lohengrinstr. 30 92784
Hoppe Else Waldemarstr. 5. 86532
Hops Manuel Tulpenweg 8 47632
Horlemann Tobias Hüttenstr. 17 75639
orn Michael Obentrautstr. 62 420
ig Bettina Augustusplatz 8

C

Großer Fund
Seit seiner Entdeckung vor 80 Jahre
war der Tausendfüßler „Illacme ple
nipes“ verschollen. Mit seinen ru
er als das Tier

D

Liebe Marie,
ich finde es toll, dass du an mich g
Morgen werden wir einen Ausflug
unternehmen. Ich bin gespannt, o
treffen werde.
be Grüße, deine Hann

3. Kennt ihr noch weitere Textsorten?
Was ist das Besondere daran?

Herbsttöne und Frühlingsfarben

T
S. 77

Ein Elfchen schreiben

1. Lies das Gedicht genau und zähle die Wörter.

Laub
Im Garten
Die Blätter fallen
Ich tanze im Wind
Herbst

Lea (8 Jahre)

2. Wie viele Wörter stehen in jeder Zeile?
Schreibe so auf:

*Ein **Elf**chen ist ein Gedicht, das sich nicht reimt.*
*Es besteht aus **elf** Wörtern, die sich immer so verteilen:*
1. Zeile = ein Wort
2. Zeile =
3. Zeile =
4. Zeile =
5. Zeile =

3. Schreibe das Elfchen von Franz zu Ende.
Beachte die Form und die Anzahl der Wörter.

4. Schreibe dein eigenes Elfchen zum Herbst.
- Überlege dir Wörter, die zum Herbst passen.
- Achte auf die Wortanzahl in den Zeilen.
- Der Satz in der 4. Zeile beginnt immer mit „Ich“.

Genaues Lesen

T
S.78

1. Lies den Text.
Vergleiche mit den Bildern.

Nina und Timo stehen auf der Wiese und lassen ihre Drachen steigen.
Timo trägt eine Pudelmütze.
Nina hat einen grünen Schal um den Hals.
Ninas Drachen ist rot. Timos Drachen hat blaue Streifen.
Auf seinem Drachen ist ein lachendes Gesicht aufgemalt.
An dem roten Drachen flattert ein Schwanz mit drei Schleifen.
Am Baum hängen vier rote Äpfel.
Unter dem Baum sitzt ein Igel mit einem Apfel auf dem Rücken.

2. Welches Bild passt zum Text? Begründe.
Vergleiche mit einem Partner.

Wichtige Begriffe für Textforscher

Diese Begriffe helfen dir, den Aufbau eines Gedichtes zu erkennen.

1. Lies die Texte.

Ein **Gedicht** ist ein Text mit mehreren Abschnitten.
Man nennt sie Strophen.

Eine **Strophe** hat mehrere Zeilen.
Sie stehen geordnet untereinander.

Reime sind zwei Wörter, die ähnlich klingen.
Oft stehen sie am Ende der Zeilen.

2. Überlege, welche Begriffe du hier einsetzen musst.

Wenn die Blätter fallen

Heute regnet's Blätter
und das macht uns Spaß,
denn vom Blätterregen
werden wir nicht nass. } ______

______

Die Blätterpfützen rascheln
leis' bei jedem <u>Schritt</u>,
wir wollen darin waten –
wer von euch kommt <u>mit</u>? ← ______

Rudolfine Fellinger

3. Schreibe das Gedicht ab.
   - Trage die Begriffe richtig ein.
   - Markiere die Reimwörter.

Reimwörter finden

1. Lies das Gedicht.

Vorweihnachtstrubel

Grüner Kranz mit roten Kerzen,
Lichterglanz in allen Herzen,
Weihnachtslieder, Plätzchenduft,
Zimt und Sterne in der Luft.
Garten trägt sein Winterkleid,
wer hat noch für Kinder Zeit?

Leute packen, basteln, laufen,
grübeln, suchen, rennen, kaufen,
kochen, backen, braten, waschen,
rätseln, wispern, flüstern, naschen,
schreiben Briefe, Wünsche, Karten,
was sie auch von dir erwarten.

Doch wozu denn hetzen, eilen,
schöner ist es zu verweilen
und vor allem dran zu denken,
sich ein Päckchen „Zeit“ zu schenken.
Und bitte lasst noch etwas Raum
für das Christkind unterm Baum!

Ursel Scheffler

2. Schreibe die Reimwortpaare heraus.

R: S. 71 Nr. 2
Kerzen – Herzen

3. Warum ist es schön,
sich ein Päckchen „Zeit“ zu schenken?

4. Feierst du zu Hause Weihnachten oder ein anderes Fest?
Schreibe und male.

5. Stellt eure Ergebnisse vor.

Ein Gedicht abschreiben

1. Lies den Text.
Was fällt dir auf?

Neujahr

Manche Tage, manche Wochen sind an uns vorbeigekrochen.
Manchmal rannte auch die Zeit, schon war Weihnacht nicht mehr weit.
Zwölf Monate sind nun vergangen – wir wollen das neue Jahr empfangen.

Nina Löffler

> Wenn du ein Gedicht abschreibst, musst du
> jede Zeile in eine neue Linie schreiben.
> Die Zeilen müssen genau untereinander beginnen.

2. Schreibe das Gedicht ab.
- Bringe es dabei in die richtige Form.
- Die Reimwörter am Ende der Zeilen helfen dir.

R: S. 72 Nr. 2
Manche Tage, ...
sind an uns ...

3. Kann Zeit kriechen oder rennen?

4. Schreibe auf, wie deine Zeit manchmal vergeht:

Meine Zeit kriecht, wenn ...
Meine Zeit rennt, wenn ...

5. Gestalte das Gedicht:
- Falte ein weißes Blatt in der Mitte.
- Zeichne auf der rechten Innenseite Bleistiftlinien ein.
- Schreibe das Gedicht in Schönschrift ab.
- Du kannst die Linien wieder wegradieren.

Eine Anleitung verstehen

T
S. 79

1. Betrachte die Bilder.
Vergleiche sie mit der Anleitung darunter.
Was fällt dir auf?

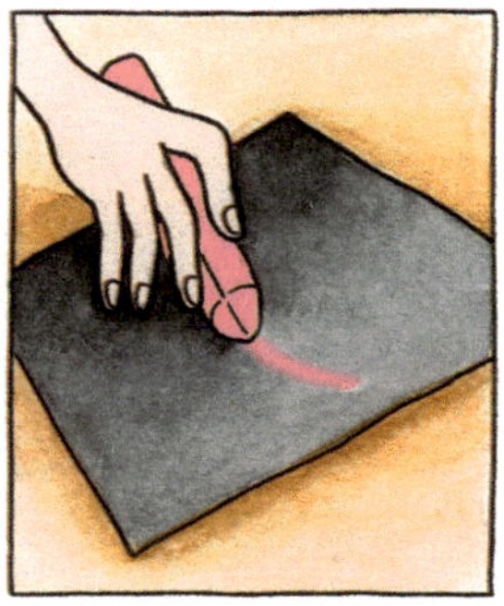

So stellst du Zauberkreide her:

- Brich eine bunte Kreide in zwei Stücke und leg sie in Zuckerwasser.
- Male mit der noch feuchten Kreide auf dunkles Tonpapier.
- Lass die Kreide einweichen, bis sie sprudelt und zu Boden sinkt.
- Löse drei Teelöffel Zucker in einer Tasse Wasser auf.

2. Schreibe die Anleitung geordnet auf.

R: S. 73 Nr. 2
So stellst du ...

3. Decke die Anleitung ab.
Beschreibe einem Partner mit Hilfe der Bilder,
wie du Zauberkreide herstellen kannst.

4. Stellt Zauberkreiden in verschiedenen Farben her.

5. Nimm schwarzes Tonpapier und falte es.
Male mit Zauberkreide ein Feuerwerk auf die Karte.
Lege nun dein gestaltetes Gedicht
von Seite 72 ein.

6. Ihr könnt mit den Resten der Kreide
ein gemeinsames Plakat gestalten.

Ein Gedicht auswendig lernen

1. Lies das Gedicht.

Der Frühling ist da

Was gackern die Hühner?
Die Welt wird immer grüner!

Was kräht der Hahn?
Ich sag es euch an:

Die Welt, kikriki,
wird so schön, wie noch nie!

Trarom! So ist's recht!
Tri-tra-trommelt der Specht.

Er trommelt im Wald,
dass der Wald widerhallt:

Trarom! Trara!
Trararatata!

Den Frühling, den lieb' ich,
der Frühling ist da!

Josef Guggenmos

2. Schreibe das Gedicht ab.

3. Markiere die Reimwörter.

4. Lerne das Gedicht auswendig und trage es vor.

- Suche dir einen ruhigen Platz.
- Lies das Gedicht laut und deutlich.
- Lies mehrmals Zeile für Zeile und sprich sie auswendig nach.
- Du kannst zum Gedicht auch wichtige Dinge aufmalen.

5. Wie konntet ihr euch das Gedicht gut einprägen?

Genaues Lesen

1. Betrachte das Bild. Was stimmt?
Finde das Lösungswort.

R: S. 75 Nr. 1
1 2 3 4
H _ _ _

		ja	nein
1	Der Hase bemalt ein Osternest.	B	H
2	In seiner Hand ist ein gepunktetes Ei.	U	E
3	Er malt mit gelber Farbe.	T	H
4	Seine Hose hat grüne Streifen.	R	N

2. Lies die Geschichte.
Was fällt dir auf?

Eiernotstand

Bald ist Ostern Pfingsten und in der Ostereiermalwerkstatt bemalt der Osterhase Eier. Manche Eier ist werden gestreift, andere haben Punkte und Kleckse. An der Osterhasentür klingelt leuchtet es. Endlich kommt fliegt der Lastwagen mit dem Eiernachschub. Da haben die Hühner aber wieder fleißig Eier Möhren gelegt. Beim Abladen passiert dann das die Unglück. Die Eierkartons fallen um und die Eier sind kaputt teuer.
„Wie soll ich nun für die Kinder genug Eier fahren bemalen?“, denkt der Osterhase traurig glücklich.

3. Schreibe die neun falschen Wörter heraus.

R: S. 75 Nr. 3
Pfingsten, ...

4. Ist dir auch schon einmal etwas Wichtiges kaputt gegangen? Beschreibe, wie du dich gefühlt hast.

5. Sammelt Ideen, wie die Geschichte weitergehen könnte.

6. Schreibe die Geschichte zu Ende.

Fragen zum Text beantworten

1. Lies den Text.

Fanny fängt den Frühling

Fanny hat | als Hausaufgabe aufbekommen, | den Frühling zu malen. | Ihr fällt | zum Frühling | aber nichts ein. | Da hat ihre Mutter eine Idee: | Sie geht mit Fanny | in den Botanischen Garten. | Dort setzt sie sich einfach mit ihr | auf die Bank | unter den Fliederbusch. Die Mutter erzählt ihrer Tochter, | wie sie immer versucht hat, den Frühling zu fangen – aber es nicht | geschafft hat. | Da sammelt Fanny | viele Blumen und Dinge zum Frühling ein | und nimmt sie in einem Beutel | mit nach Hause.

Zu Hause | setzt sich Fanny | an die Schularbeiten. | Den Beutel mit dem Frühling darin | hat sie in | ihrem Schrank versteckt. Damit wird sie Mama | vor dem Schlafengehen | überraschen. Aber erst | muss sie noch | das Frühlingsbild malen. | Sie kaut auf dem Pinselstiel. | Eine rote Tulpe | in einem braunen Beet? Langweilig. | Im Botanischen Garten | wachsen die Tulpen mitten auf der Wiese. | Fanny taucht den Pinsel | erst in das grüne, dann in das rote Näpfchen. | Und hier ist noch | Platz für den Flieder-busch. | Fertig.
Nun aber schnell | den Frühling ausgepackt.

„Fanny, warum weinst du so?“ | Mama steht | in ihrem Zimmer.
„Was ist denn passiert?“
Fanny hockt | vor einem Häufchen | welker Blätter.
„Der Frühling“, | schluchzt sie. | „Ich wollte den Frühling | für dich fangen.“
Mama hebt | ein Tulpenblatt auf, | das gelbe | mit den rosa Streifen.
Ganz braunfleckig | ist es | und hat sich eingerollt.
„Ach Fanny“, | sagt Mama. | „Das war lieb gemeint, | aber den Frühling kann man nicht …“
Warum spricht Mama | nicht weiter?
„Man kann doch! | Du hast ihn eingefangen, Fanny!“, | ruft Mama. | „Hier!“
Sie hält | Fannys Hausaufgabe hoch. | „Da ist der Frühling, | genauso wie wir ihn heute | gesehen haben, | und er wird | nie vergehen.“

Jetzt sieht Fanny es auch. | Das Bild vom Frühling, | ihr Bild, ist wirklich wunderschön.
„Ich rahme es ein | und hänge es | über mein Bett. | Dann wache ich jeden Morgen im Frühling auf …“
„… und schläfst | jeden Abend | im Frühling ein“, | ergänzt Fanny und wischt sich | die Tränen ab.

Sabine Ludwig

2. Beantworte die Fragen in Sätzen.

1. Welche Hausaufgabe hat Fanny erhalten?
2. Was malt Fanny auf ihr Bild?
3. Warum weint Fanny?
4. Wie kann man den Frühling in einem Bild fangen?

3. In jedem Satz ist ein Wort falsch. Vergleiche mit dem Lesetext. Schreibe die Sätze richtig auf.

Aber erst muss sie noch das Herbstbild malen.
Fanny hockt vor einem Häufchen welker Papiere.
Ich rahme es ein und lege es über mein Bett.

4. Macht einen kurzen Spaziergang. Wo könnt ihr den Frühling entdecken?

5. Schreibe auf, woran du ihn erkannt hast.

Ein *Akrostichon* ist ein Schreibspiel.
Du schreibst die Buchstaben eines Wortes untereinander.
Dann kannst du aus jedem Buchstaben ein neues Wort bilden.

6. Schreibe ein eigenes *Akrostichon*. Benutze deine Frühlingswörter.

S amen
O stern
N est
N arzisse
E nten

T
S. 80

Sprachspielereien

1. Lies den Text.
Was fällt dir auf?

Ein spaßiger Urlaub

In den Sommerferien fuhren wir mit dem OTUA nach NEILATI. Meine AMO und mein APO fuhren auch mit. Mein RETAV saß am Steuer unseres Wagens. Wir fuhren bis NAREM und übernachteten in einem LETOH. Am nächsten Tag ging die Fahrt weiter, bis wir an die AIRDA kamen. Wir badeten und bauten Burgen im DNAS. Das RESSAW war warm und die Sonne schien vom blauen Himmel. Oft spielte ich auch mit anderen NEGNUJ am Strand. Wir heckten manchen lustigen HCIERTS aus und hatten immer Spaß.

Bruno Horst Bull

2. Schreibe die grünen Wörter richtig auf.

R: S. 78 Nr. 2
Auto, ...

3. Was stimmt?
Schreibe die richtigen Buchstaben auf.
Finde das Lösungswort.

R: S. 78 Nr. 3
1 2 3 4 5 6
F _ _ _ _ _

		ja	nein
1	Die Familie fuhr mit dem Auto nach Irland.	U	F
2	Oma und Opa kamen auch mit.	E	O
3	Auf ihrer Fahrt übernachteten sie einmal im Zelt.	L	R
4	Am nächsten Tag kamen sie in den Bergen an.	K	I
5	Die Sonne schien und der Himmel war blau.	E	A
6	Am Strand machten sie oft Hausaufgaben.	B	N

4. Schreibe über deinen letzten Urlaub.
Du kannst auch einige Wörter verdrehen.